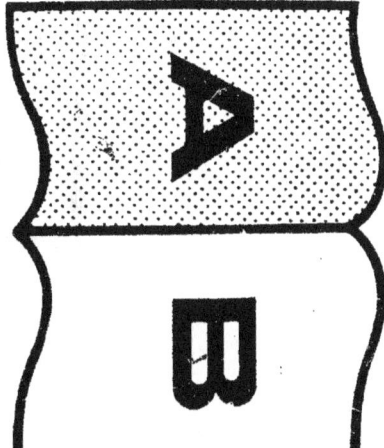

Contraste insuffisant
NF Z 43-120-14

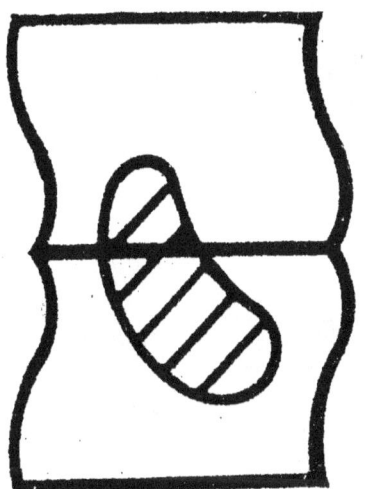

Illisibilité partielle

VALABLE POUR TOUT OU PARTIE DU DOCUMENT REPRODUIT.

Couverture inférieure manquante

Original en couleur
NF Z 43-120-8

NOTICE

SUR LA

SEIGNEURIE ET LE CHATEAU

DU BLANC-BUISSON

PAR

M. L'ABBÉ PORÉE

CURÉ DE BOURNAINVILLE
INSPECTEUR DE LA SOCIÉTÉ FRANÇAISE D'ARCHÉOLOGIE

CAEN

TYP. F. LE BLANC-HARDEL, LIBRAIRE

RUE FROIDE, 2 ET 4

—

1884

À Monsieur L. Delisle, membre de l'Institut
hommage de l'auteur
Torée

NOTICE

SUR LA

SEIGNEURIE ET LE CHATEAU

DU BLANC-BUISSON

PAR

M. L'ABBÉ PORÉE

CURÉ DE BOURNAINVILLE
INSPECTEUR DE LA SOCIÉTÉ FRANÇAISE D'ARCHÉOLOGIE

CAEN

TYP. F. LE BLANC-HARDEL, LIBRAIRE

RUE FROIDE, 2 ET 4

—

1884

Extrait de l'Annuaire normand. – Année 1884.

NOTICE

SUR

LA SEIGNEURIE ET LE CHATEAU

DU BLANC-BUISSON

Il y a, sur le territoire de la commune de St-Pierre-du-Mesnil (1), un important manoir du XVIe siècle, appelé le Blanc-Buisson. Enfoncé dans les bois, un peu éloigné des grandes voies de communication, ce château est beaucoup moins connu qu'il ne mériterait de l'être. L'archéologue ou le touriste qui le visite aime ce site mystérieux, ces grands fossés pleins d'eau, ombragés de roseaux, ces hautes murailles sévères ayant pour tout ornement quelques machicoulis, ces toitures coupées de jolies cheminées de la Renaissance; tout cela forme, en effet, un ensemble des plus pittoresques. Le Blanc-

---

(1) St-Pierre-du-Mesnil, canton de Beaumesnil (Eure).

Buisson fut le berceau d'une vieille famille normande, les Leconte ; pendant près de trois siècles il a appartenu à la maison des Du Merle ; enfin, chose assez rare, il a conservé son aspect ancien, ce qui permet de reconstituer le cadre où vivait, au XVIᵉ siècle, la noblesse normande du pays d'Ouche (1).

I. — LA SEIGNEURIE DU BLANC-BUISSON.

Le premier seigneur du Blanc-Buisson, dont le nom nous soit connu, est Colinet Leconte, connétable de Philippe, roi de Navarre et comte d'Évreux. Il fut père de Gervais Leconte, qui épousa Isabeau de Jacoville. Gervais avait acquis, en 1341, le fief de Sarnières ou Cernières, dont il ajouta le titre à celui du Blanc-Buisson.

Le 24 mars 1403, Guillaume Leconte, leur fils, rendit aveu au roi de sa seigneurie du Blanc-Buisson. C'était un quart de fief de haubert dont le chef était assis en la paroisse de St-Pierre du Mesnil-Mauduit, et relevait du roi en sa châtellenie de Breteuil. En temps de guerre, le seigneur était tenu de faire un jour et une nuit de garde

---

(1) Pendant le Congrès de l'Association Normande tenu à Bernay, au mois de juin 1883, le Blanc-Buisson fut l'un des objectifs des excursions qui furent faites par les membres du Congrès. M. le Directeur voulut bien nous charger de donner un compte-rendu de l'excursion en ajoutant quelques notes historiques. M. de Baudicour, propriétaire du château du Blanc-Buisson, a mis gracieusement à notre disposition les notes nombreuses qu'il avait extraites de l'ancien chartrier ; qu'il veuille bien recevoir ici l'expression de notre reconnaissance.

à l'une des portes du château de Breteuil, dite la porte de Verneuil (1).

Plusieurs fiefs relevaient du Blanc-Buisson, les fiefs du Boisgoult, des Rues, de Gisay, du Bisson, et celui de La Salle, duquel les Leconte tenaient le droit de patronage de l'église de St-Pierre-du-Mesnil.

Par son mariage avec Raoulette Le Grix, dame de Nonant, fille de Robert Le Grix, Guillaume Leconte réunit la seigneurie de Nonant à celle du Blanc-Buisson.

Son fils Jean Leconte est qualifié, dans divers actes, de baron de Nonant, de seigneur de Cernières et du Blanc-Buisson (2). Il fut pourvu, en 1465, par le duc d'Alençon, de la lieutenance de son château d'Alençon et de la capitainerie d'Exmes. Il se présenta en homme d'armes avec trois chevaux à la monstre de Beaumont-le-Roger, en 1470 (3). Jean Leconte eut pour femme Robine de Resnel ou Rivel, et paraît avoir eu seulement deux enfants.

Robert Leconte laissa le Blanc-Buisson à sa sœur Marie, et ses descendants habitèrent le château de Cernières et de Nonant, et plus tard, au XVIIe siècle, celui de Beaumesnil qu'ils firent construire en 1633.

Marie Leconte porta le Blanc-Buisson dans la famille Du Merle, en épousant, en 1474, Jean II Du Merle, écuyer, seigneur de Boisbarbot, d'Escorches et de Vaux, second fils de Foulque du Merle et de Marie de Mathe-

---

(1) A. Le Prevost, *Mémoires et Notes*, etc., III, 198.

(2) Aveu rendu en 1469 par Olivier Maurey d'héritages mouvants du fief Harel. — Transaction du 28 janvier 1471, relative à un droit de mouture assis sur ce même fief.

(3) Charpillon et Caresme, *Dictionnaire historique de l'Eure*, II, 858.

felon (1). Cette famille Du Merle, déjà fort illustre, avait fourni plusieurs chevaliers bannerets et un maréchal de France. Elle tirait son nom de la baronnie du Merle, nommé plus tard le Merle-Raoult, *Merula Radulphi*, et enfin le Merlerault (2). Marie Leconte, qui avait eu en dot le Blanc-Buisson, fut douairée de 200 écus d'or pour soutenir son état. Son mari prit le nom de Blanc-Buisson, qui fut conservé par ses descendants.

Jean II Du Merle rendit aveu au roi le 12 mars 1503. Il avait alors soixante-douze ans. Il avait marié sa fille Antoinette à Nicolas de Mailloc, seigneur de La Grue, le 28 avril 1496, et lui avait donné en dot la seigneurie d'Escorches, estimée alors 70 livres tournois de rente, et en outre 200 livres tournois, une fois payés, pour ses meubles, vêtements et ceintures, ainsi qu'il était accoutumé être fait en tel cas, et comme il convenait à la fille de la

---

(1) Leur contrat de mariage fut passé le 11 février 1474 en la vicomté de Rasnes et d'Échanfray par Guillaume Dandin et Jean Véel tabellions. Marie Leconte y figure comme seule fille, avec un seul fils de Jean Leconte, écuyer, seigneur de Nonant, du Blanc-Buisson, de Cernières, de St-Aubin et de Doumont, et de feue noble demoiselle Robine de Rivel. Un acte sous seing-privé relatif à ce contrat fut fait le 30 septembre suivant entre Jean Du Merle et Jean Leconte en présence de maître Jean de Rivel, archidiacre de Gacé en l'église de Lisieux et chantre de Coutances, oncle maternel de Marie Leconte, de Guillaume de Gisay, sieur de Bois-Normand, son cousin-germain paternel, et de Raoul du Rosel, sieur dudit lieu et de la Motte, beau-frère dudit Jean Du Merle. Cet acte et ce contrat ont été reconnus le 17 novembre suivant devant Jean de Réville et Pierre de Couvey, tabellions en la vicomté de Montreuil.

(2) Les armes de Du Merle sont : *de gueules à 3 quintefeuilles d'argent 2 et 1.*

bonne maison d'où elle sortait et à la maison où elle entrait. Le seigneur de La Grue avait la faculté de rester trois ou quatre ans chez son beau-père, qui devait fournir à son gendre et à sa fille leur nécessaire de bon boire et à manger pour eux, pour un page et pour deux chevaux, et de plus chausser et vêtir sa fille comme il l'avait fait auparavant (1).

Par son testament du 24 juin 1505, Jean II Du Merle voulut être enterré dans l'église de St-Pierre du Mesnil; il fit des legs pieux à trente églises ou confréries, et institua exécuteurs de ses dernières volontés son fils Jean Du Merle, sa fille Antoinette et le mari de celle-ci, Nicolas de Mailloc, Robert de Pommereul, son neveu, et Benoît de Gisay, seigneur de Boisnormand, son cousin.

Jean III Du Merle ne vécut pas longtemps. Il avait épousé, le 21 novembre 1503, Jeanne Le Cesne, fille de Antoine Le Cesne (2), sieur de Ménilles et de La Gadellière, et de Marguerite de Menemare. Le 11 janvier 1515, Jean III Du Merle fit hommage au roi, en sa chambre des comptes à Paris, à cause des fiefs du Blanc-Buisson et de La Salle. Une information faite par le lieutenant-général de Breteuil, le 14 juillet 1517, constate qu'il était alors décédé laissant un fils et trois filles. L'une d'elles, Françoise, épousa, le 19 janvier 1527, Pierre d'Orbec, seigneur de La Saussière et de Normauville-en-Caux.

Le fils, Jacques I Du Merle, né en 1509, se maria le

---

(1) *Généalogie de la maison Du Merle établie en 1739.*
(2) Les armes des Le Cesne étaient : *écartelé d'argent et de gueules.*

19 janvier 1528 avec Gabrielle d'Aché (1), fille de Jean d'Aché, seigneur de Serquigny, de Marbeuf, etc., et de Magdeleine d'Orbec. Le contrat fut passé en présence de maître Pierre de Gruys, archidiacre de Bayeux, maître Jean de Mailloc, curé de St-Pierre du Mesnil, Jacques de Pommereul, seigneur du Moulin-Chapelle, messire d'Aché, chevalier, seigneur de Vignencourt, Benoît d'Orbec, seigneur de La Saussière, Jean de Heudreville, sieur de Fontaine, et de plusieurs autres.

Jacques Du Merle se distingua par les services qu'il rendit aux rois Henri II, François II et Charles IX. Il fut chevalier, capitaine du ban et de l'arrière-ban du bailliage d'Évreux, capitaine d'une bande de 400 hommes de pied, dite la légion de Normandie, capitaine de 100 arquebusiers, commandant de la ville d'Évreux et gouverneur d'Harfleur. Pour reconnaître ses nombreux services, Henri II exempta tous ses fiefs de contribuer à l'arrière-ban.

Il eut de Gabrielle d'Aché : 1° Jacques II Du Merle ; 2° Anne, religieuse de l'abbaye de St-Sauveur d'Évreux en 1548 ; 3° Suzanne, mariée par contrat du 29 octobre 1564 à Marin de Pluviers, seigneur de Loraille ; 4° Marguerite, femme de Jean de Guernon, seigneur de Fresnaux et des Angles en 1565.

Jacques II Du Merle fut chevalier de l'ordre du roi, gentilhomme ordinaire de sa chambre, seigneur du Blanc-

---

(1) La maison d'Aché avait eu un chevalier banneret qui s'était croisé en 1096 ; elle était alliée aux maisons de Dreux, issue de France, de Poitiers Saint-Vallier, de Rouxel-Médavy, de La Baume-Montrevel, de Saulx-Tavannes et de Siry-Lonray.

Buisson, de Boisbarbot, de Planches, de La Brosse, et baron de Bellou. Il se nommait M. de Boisbarbot du vivant de son père, sous les ordres duquel il servit. Il rendit aveu le 13 février 1577 au duc d'Anjou, d'Alençon et d'Évreux pour sa terre du Blanc-Buisson, et, en 1598, il présenta une requête au Parlement pour être exempté de l'arrière-ban, comme il l'avait été de 1557 à 1597, c'est-à-dire pendant les quarante ans qu'il porta les armes. Il faisait valoir son âge de 75 ans, ses services et ceux de ses fils, dont l'un avait été tué au siège de La Fère. De nombreuses lettres qui lui furent adressées par Charles IX, Henri III et Henri IV, témoignent des courageux services de Jacques Du Merle ; on y voit qu'il fut lieutenant de 50 hommes d'armes, capitaine de 200 chevau-légers, et commandant d'armes dans les vicomtés de Conches et de Breteuil.

Le 5 janvier 1565, Jacques Du Merle avait épousé Françoise Le Grix, fille de feu Pierre Le Grix, seigneur et baron d'Échaufour et de Montreuil, et de Jeanne de Thieuville (1). Ils eurent sept enfants : Jacques dit de

(1) Le 8 septembre 1579, Adrienne Le Grix, veuve du seigneur de Renty, institua le seigneur du Blanc-Buisson son exécuteur testamentaire. Elle lègue à Françoise Le Grix, sa sœur, et femme dudit seigneur, les seigneuries de Lavrigny et de la Malmaison avec tous ses acquêts, conquêts et meubles, en la réservant néanmoins au partage du surplus de ses autres biens ; à Suzanne et Adrienne Du Merle, ses nièces, qu'elle avait nourries, elle lègue à chacune 1,800 écus et vingt de ses plaques d'or, à l'une ses bordures, à l'autre sa petite enfilure de perles où il y avait des senteurs, et sa chaîne émaillée de blanc et de noir à mettre au col, et à chacune un de ses carcans d'or où il y avait des perles ; à Marthe Du Merle, aussi sa nièce et sa filleule, elle lègue cent écus si elle se faisait religieuse, et deux cents au cas qu'elle fût mariée ;

Boisbarbot, lieutenant de la compagnie de 200 chevau-légers de son père en 1594, tué au siège de La Fère en 1597 ; 2° Jean dit de Lavrigny, enseigne de la même compagnie en 1594 ; 3° Suzanne, mariée, le 3 juillet 1588, à Charles de Clinchamps, écuyer, seigneur de Donné, de Beuzeval et de Gonneville (1) ; 4° Adrienne ; 5° Marthe, qui se fit religieuse à St-Sauveur d'Évreux, le 29 juin 1598 ; 6° Antoinette, mariée à Charles de Severac, chevalier, seigneur de Bouillon-Farel ; 7° Marie, morte en bas-âge et enterrée à Lavrigny.

Au mois d'août 1577, on lui voit tenir la garde-noble des filles de Pierre Le Grix, écuyer, seigneur de Talvas et de La Godardière. Il semblerait que ce fût là l'extinction de l'ancienne maison Le Grix.

Jacques II Du Merle mourut vers la fin de 1599 ou commencement de 1600.

Jean IV Du Merle, son second fils, qui lui succéda, était en 1597 enseigne de la compagnie du seigneur de Marivaux. Il devint, dans la suite, commandant de 100 hommes d'armes, ainsi que de la compagnie de M. d'Estrées, où il avait un équipage de trente-deux chevaux. A cause de ses

---

à M*me* Marie de Bourbon, duchesse d'Estouteville et de Longueville, son grand rubis en bague (la testatrice, par feu son mari, avait l'honneur d'être alliée à cette princesse qui avait eu pour bisaïeule Isabelle de Croix, femme de Guyon d'Estouteville). Elle léguait à tous les bâtards de ses frères et en outre à Renée et Charlotte de Renty, ses filles, et à Anne Du Merle, religieuse à St-Sauveur d'Évreux 50 écus et un tableau à son choix. — *Généalogie de la maison Du Merle établie en 1789.* Les armes des Le Grix étaient : *de gueules à la fasce d'or.*

(1) Elle eut en dot la seigneurie de Bellou. De Clinchamps blasonnait : *d'argent à 8 fanons de gueules.*

services et de ceux de ses fils, il fut exempté, en 1635, de l'arrière-ban du bailliage d'Évreux. On conservait, dans le chartrier de cette famille, un grand nombre de lettres des rois Henri IV et Louis XIII, de Louis de Bourbon, du comte de Soissons, de Charles d'Angoulême, des maréchaux d'Estrées, de Créquy et de La Force, relatives aux campagnes auxquelles il avait pris part.

Il avait épousé, le 24 septembre 1600, Louise d'Orbec, fille de feu messire Jean d'Orbec, chevalier, baron d'Orbec, seigneur de Bienfaite, et de dame Catherine de Lhopital. Louise d'Orbec avait un frère qui mourut sans avoir été marié, et une sœur, Esther d'Orbec, qui épousa Jean de Bouquetot, seigneur du Breuil et de Vaux. Par suite, la moitié des biens de la maison d'Orbec entra dans la maison Du Merle, et l'autre dans la maison de Bouquetot. Cette seconde moitié se subdivisa entre les trois filles de Jean de Bouquetot et d'Esther d'Orbec, desquelles l'une épousa Philippe de Chaumont, seigneur de Quitry, maréchal de camp, mort en 1638 des blessures qu'il reçut au combat de Poligny, en Franche-Comté; une autre épousa Gabriel De Lorge, IVe du nom, comte de Montgommery. Il résulta de ces partages que les maisons Du Merle et de Chaumont se disputèrent le titre et les honneurs de baron d'Orbec. D'abord, le seigneur de Bouquetot, aidé du seigneur de La Haye-du-Puits et de nombre de gentilshommes de ses amis et de 40 hommes armés, s'empara de l'église d'Orbec pendant la Semaine-Sainte et y fit effacer ou briser tous les monuments de la maison Du Merle, tant anciens que nouveaux. Jean Du Merle, alors âgé de 75 ans, était à son château du Blanc-Buisson. Il s'en suivit un grand procès au Parlement de

Rouen qui dura nombre d'années, mais qui ne se termina pas à la satisfaction des parties; car le procureur-général, intervenant au nom du roi, demanda et obtint que le titre de baron d'Orbec et les honneurs à l'église appartiendraient à Sa Majesté. Le même arrêt enjoint au curé et marguilliers de cette paroisse de donner aux parties, dans ladite église, des places de distinction; mais MM. Du Merle et de Chaumont négligèrent ce trop faible avantage (1).

Jean Du Merle et Louise d'Orbec eurent sept enfants : 1° Jean Du Merle, baron d'Orbec, né à Laon en 1603 (c'est la branche aînée); 2° Charles Du Merle, dit M. de Boisbarbot avant son mariage, qui continua les seigneurs du Blanc-Buisson; 3° Jacques Du Merle, prêtre, docteur de Sorbonne en 1648 et prieur de Saint-André en 1660; 4° Louise, née en 1612, religieuse à St-Sauveur d'Évreux; 5° Charlotte, née en 1612, religieuse à St-Sauveur-sous-Laon; 6° Esther, née en 1613, mariée au marquis de Montreuil; 7° Gabrielle, née en 1614, mariée à Laurent de Bellemare, écuyer, seigneur de Duranville.

Jean IV Du Merle dut mourir vers la fin de 1648, âgé d'environ 80 ans.

Son fils aîné, Jean V Du Merle, exhérédé en 1644 et 1646, pour cause de mésalliance (2), devint baron d'Orbec, et ce fut Charles I Du Merle, né en 1604, qui posséda le domaine du Blanc-Buisson. Il succéda à son père

---

(1) *Généalogie de la maison Du Merle établie en* 1739. — Voyez: M. le vicomte Rioult de Neuville, *Les barons d'Orbec.*

(2) Il avait épousé Françoise Régnier, le 10 février 1643; il mourut vers le mois de janvier 1651.

en 1646 dans l'emploi de capitaine de la compagnie du maréchal d'Estrées, et devint, en 1665, gentilhomme ordinaire de la chambre du roi. Il avait épousé, le 26 avril 1646, Catherine Feydeau, fille de Pierre Feydeau, sieur de Vangion et de Catherine Vivien (1).

A la mort de son frère aîné, qui arriva en 1651, Charles I Du Merle eut à soutenir contre ses neveux et nièces un long procès dont l'objet principal était le nom et le fief du Blanc-Buisson (2). Ce procès dura nombre d'années, pendant lesquelles chacun s'emparait tour à tour des terres en litige; et l'on dépensa tant en dégradations qu'en frais de procédure plus de 200,000 livres, ce qui diminua beaucoup la fortune de cette maison.

Charles I Du Merle eut de Catherine Feydeau six enfants : 1° François-Annibal Du Merle, dit M. de Lavrigny; 2° Pierre Du Merle, d'où sortit la branche des seigneurs Du Plessis; 3° Louis-César, baptisé le 11 novembre 1650, chevalier de Malte au grand prieuré de France; 4° Marguerite, prieure des Carmélites du grand couvent de Paris; 5° Louise, religieuse à Sannois-sous-Laon; 6° Marie, mariée : 1° à Roger Pétré, seigneur de Magny ; 2° à Augustin de Croisy, baron de la Bove ; et 3° à N. L'Estandart, seigneur et baron d'Angerville.

François-Annibal Du Merle était né à Paris le 5 juillet 1648. Contrairement à l'usage adopté par ses ancêtres, il

---

(1) Les armes des Feydeau étaient : *d'azur au chevron d'or accompagné de 3 coquilles de même.*

(2) On a vu que Jean IV Du Merle avait déshérité, pour cause de mésalliance, son fils aîné Jean V : cette disposition aurait été révoquée ; de là le procès au sujet de la possession du fief du Blanc-Buisson.

se fit appeler M. de Lavrigny, du nom de l'un de ses fiefs qu'il paraît avoir habité. Après avoir été reçu page de la petite écurie du roi en 1665, il fut cinq ans mousquetaire, fit la campagne de Hollande et se trouva à la bataille de Fleurus.

Il se maria trois fois : 1° le 20 décembre 1682, avec Michelle d'Ablancourt ; 2° au mois de janvier 1704, avec Marie de Mouchy ; 3° avec Marie Souflot, fille de Michel Souflot, secrétaire du roi. Il eut de sa première femme huit enfants : 1° Charles II Du Merle ; 2° François-David, chevalier de Malte, le 18 novembre 1712, et mort à Malte ; 3° Jean, né le 15 juillet 1692, dit le chevalier du Blanc-Buisson, reçu chevalier de Malte le 4 mai 1714, puis commandeur en 1719 ; 4° Théodore-Louis, chevalier de l'ordre de St-Jean de Jérusalem, né le 10 juillet 1698 ; 5° Catherine, religieuse à Sannois-sous-Laon ; 6° Louise, religieuse du même couvent ; 7° Geneviève, baptisée le 25 juin 1688 et mariée le 22 octobre 1711 à Charles de Pippemont, seigneur de Crécy-Aumont ; 8° Françoise, baptisée au mois d'avril 1694, et mariée le 15 avril 1714, à François de Pluviers.

Charles II Du Merle, né à Lavrigny, le 22 juillet 1689, fut seigneur du Blanc-Buisson, de Frenais-le-Sanson, de la Salle, du Boisgoult, de la Bénardière et de Neuvillette ; il servait en 1710 comme cornette dans le régiment de Rohan-Dragons.

Il épousa, le 10 août 1725, Marie-Magdeleine Gouhier, fille de messire Adrien Gouhier, chevalier, seigneur et patron de Fresnais-le-Sanson et du Mesnil-en-Roiville, et de Marie-Magdeleine d'Escorches. Un arrêt du Parlement de Paris l'ayant dépossédé, vers 1730, de la terre de Lavrigny, qui fut adjugée aux religieux de l'abbaye de Signy, Charles Du Merle revint demeurer au château du Blanc-Buisson, qui fut l'objet d'importants travaux d'aménagement.

En 1739, Charles du Merle avait neuf enfants : 1° François-Annibal Du Merle, né le 3 juin 1726, et reçu page du roi en la petite écurie, le 1er avril 1739 ; il mourut à Versailles ; 2° Jean-Jacques-Pierre, baptisé le 28 août 1728, mort jeune ; 3° Charles-Gabriel, né le 29 novembre 1731 ; 4° un autre Charles-Gabriel, né le 29 novembre 1732 ; 5° Marie-Henriette, née le 6 juillet 1727, religieuse aux Cordelières de Bernay, où elle fit profession le 14 avril 1744 ; 6° Léonore-Charlotte-Marie-Magdeleine ; 7° Marie-Marguerite, baptisée le 16 mai 1729, reçue demoiselle à Saint-Cyr, à Pâques 1745, morte le 4 octobre suivant ; 8° Marie-Magdeleine-Anne-Louise, baptisée le 25 novembre 1730 ; 9° Magdeleine-Françoise, baptisée le 19 novembre 1736.

Charles-Gabriel Du Merle, né le 29 novembre 1732, devint seigneur du Blanc-Buisson. Sa femme se nommait Louise-Françoise de La Haye ; leurs descendantes, Marie-Louise-Gabrielle Du Merle, femme de M. de Saint-Aignan, et Louise-Françoise Du Merle, veuve de M. de Courtœuvre, toutes deux sœurs de Charles-Annibal-Foulque Du Merle, possédaient le domaine du Blanc-Buisson au moment de la Révolution.

Ce domaine, comprenant alors 300 acres, fut acquis le 11 avril 1801 par Michel-Pierre de Pillon de Saint-Philbert, de Marie-Louise-Gabrielle Du Merle, femme de Jean-Pierre-André de Saint-Aignan, et de Louise-Françoise Du Merle, veuve de Joseph-Gabriel de Courtœuvre.

Celles-ci en étaient propriétaires tant à titre d'hérédité déterminée par le partage exercé devant l'administration centrale du département de la Seine-Inférieure, le 17 thermidor an VI, qu'en vertu de l'adjudication à elles faite par l'administration centrale de l'Eure, le 16 messidor an VII, par acte enregistré au bureau d'Évreux le 20 du même mois.

Dans la quittance du solde du prix donnée à Laigle le 22 vendémiaire an XII, Mme de Courtœuvre fut représentée par Charles-Annibal-Foulque Du Merle, son frère, porteur de sa procuration.

En vertu d'une donation entre vifs faite par M. de Saint-Philbert à ses deux fils, Pierre-Amand et Charles-Jules de Pillon de Saint-Philbert, et d'un partage passé entre ceux-ci, la terre du Blanc-Buisson est devenue, en 1834, la propriété du second, qui l'a conservée jusqu'à sa mort arrivée le 6 mai 1872.

Depuis cette époque, le domaine du Blanc-Buisson appartient à M. de Baudicour, conseiller à la Cour d'appel de Paris, neveu par alliance de M. de Saint-Philbert.

II. — LE CHATEAU DU BLANC-BUISSON.

Le château du Blanc-Buisson appartient, dans son ensemble, au dernier tiers du XVIe siècle. Il occupe l'emplacement d'une construction plus ancienne, dont il est question dans les aveux rendus le 14 décembre 1399 et le 24 mars 1403 en ces termes : « Et ce dit fief, a un « manoir et en icelluy place du coulombier, et les jar- « dins d'environ ledit manoir, le tout contenant trois

« acres de terre ou environ, qui bien pevent valloir cinq
« solz de rente par chascun an, pour chascune acre ou
« environ (1). » Nous ne savons si le manoir dont parle
l'aveu de 1403 existait depuis longtemps ; il est également
difficile de dire s'il subsiste encore aujourd'hui
quelque chose du château du XIVᵉ siècle. Peut-être les
tourelles qui commandent le fossé du côté de la porte
d'entrée présentent-elles quelques caractères du XIVᵉ ou
XVᵉ siècle.

Le vieux manoir a subi évidemment les diverses transformations dont parle Viollet-le-Duc dans son *Dictionnaire d'architecture* (2), transformations que l'on pourrait presque suivre ici.

« Le manoir, dit Viollet-le-Duc, n'est qu'une maison de
« campagne suffisamment fermée pour être à l'abri d'un
« coup de main tenté par quelques aventuriers, elle ne
« prétend pas résister à un siège en règle. Simple pendant
« les XIIᵉ et XIIIᵉ siècles comme les habitudes des
« propriétaires terriens de ce temps, le manoir ne possède
« alors qu'une salle avec cellier au-dessous, et petit
« appartement accolé ; à l'entour viennent se grouper
« quelques bâtiments ruraux, granges, étables, pressoir,
« fournil, logis des hôtes ou des colons, le tout enclos
« d'une muraille ou d'un fossé profond. Au XIVᵉ siècle
« le manoir s'étend, il essaye de ressembler au château,
« et, à la fin du XVᵉ siècle, il en prend souvent toute
« l'importance, sauf les défenses... Pendant les XIVᵉ et
« XVᵉ siècles, la France se couvrit de manoirs qui pou-

---

(1) A. Le Prevost, *Mémoires et Notes, etc.*, III, 194.
(2) Voir au mot *Manoir*, t. VI, page 292.

« vaient protéger leurs habitants contre les bandes
« armées répandues sur le territoire, et beaucoup de
« maisons de propriétaires de fiefs devinrent des maisons
« assez bien munies et fermées... Il n'existe plus, en
« France, de ces manoirs des XIIIe et XIVe siècles,
« comme en voit encore en Angleterre ; les guerres des
« XVe e XVIe siècles en renversèrent un grand nombre,
« car ces résidences ne pouvaient se défendre contre des
« corps armés, et l'amour de la nouveauté en fit détruire
« une quantité immense au dernier siècle. »

Si Viollet-le-Duc avait visité le château du Blanc-Buisson, il aurait peut-être reconnu dans le pavillon méridional l'ancien manoir des champs, ne possédant encore, au 1er étage, qu'une salle unique munie d'une cheminée, dans laquelle on ne pénétrait souvent que par une porte relevée, qui communiquait par un escalier intérieur avec un second étage: premier bâtiment auquel se sont ajoutées successivement d'autres constructions.

Le terre-plein de la cour est en pentagone irrégulier de 31 ares environ de superficie, dont le plus petit côté est formé par le château et dont les autres sont occupés par de nombreuses dépendances et des bâtiments d'exploitation. Un fossé profond, défendu à ses angles par trois tourelles rondes, l'environne dans tout son pourtour. La porte, située à l'ouest, est une jolie construction de l'époque d'Henri III ; elle se compose d'une arcade en appareil de brique et pierre surmontée d'un petit étage avec chambres ; les rayères du pont-levis sont bien conservées. On voit encore sous la voûte, dans les murailles, les niches qui servaient de siège aux gardes.

Le château forme un rectangle avec deux pavillons

carrés en retour d'équerre du côté de l'est, ou plutôt une aile et un pavillon presque détaché ; à l'ouest, deux autres pavillons un peu plus élevés que la partie centrale, donnent à la façade un plus grand développement et se relient au mur d'enceinte par un angle très-aigu qui les termine : le tout est construit en grès de pays, appareillé assez régulièrement ; l'étage de la façade de l'ouest est en briques ornées de grands lozanges juxtaposés, avec encadrement de pierre autour des baies. L'emploi de la brique avec les mêmes lozanges se retrouve sur les autres façades dans le remplissage jusqu'à hauteur d'appui des fenêtres qui ont été ouvertes dans l'appareil en grès conservé à l'étage sur ces façades. La base de la construction qui baigne dans l'eau, sauf du côté de la cour, est en glacis terminé par un ressaut de forme arrondie qui indique le niveau du sol au rez-de-chaussée.

Dans le fronton triangulaire qui correspond à la porte d'entrée on lit ces mots : CHARLES DU MERLE ET M. MADELEINE GOUHIER ; ils rappellent que vers 1730, ce seigneur revint habiter le Blanc-Buisson et y fit faire d'importantes réparations. Ce fronton a été substitué à une lucarne dont l'emplacement est nettement indiqué par la charpente du comble. Elle servait à éclairer le haut de l'escalier, aujourd'hui obscur, et elle devait être construite dans le style du XVIe siècle comme celle qui surmonte encore la porte d'entrée de la cour.

La façade de l'est donnant sur la plaine et protégée seulement par un large fossé, offre un aspect plus militaire. Une lucarne à machicoulis surplombe sur le fossé. Ce moyen de défense se retrouve sur les trois faces du pavillon méridional. Au milieu du château s'ouvre, à l'étage, une jolie fenêtre renaissance en pierre, couronnée d'un fronton en accolade ; elle donne jour dans la chapelle.

L'étage de l'aile du nord et du pavillon sur la cour qui y tient, paraît avoir été reconstruit à la fin du siècle dernier. Aussi la toiture de ce pavillon est-elle dépourvue de la petite lucarne renaissance qui décore le pavillon du midi lui faisant face. Toutefois, la présence de meurtrières dans les murailles du rez-de-chaussée indique que la reconstruction n'a été que partielle et n'a dû consister, pour ce rez-de-chaussée, que dans l'ouverture de plus grandes fenêtres.

Dans le pourtour des murailles, au-dessus des fossés et au-dessous des combles du gros pavillon, sont percées de nombreuses meurtrières. Avec ses épaisses murailles, ses larges fossés pleins d'eau et une petite garnison bien armée, le château du Blanc-Buisson se trouvait à l'abri d'un coup de main.

La toiture est surmontée de plusieurs cheminées en brique avec corniches de pierre : l'une d'elles, de forme ronde, est flanquée de quatre balustres de pierre de l'effet le plus original. Cette toiture a été sans doute remaniée quand on a reconstruit l'aile du nord. D'après la disposition actuelle de la charpente, elle devait être divisée originairement en trois parties entre lesquelles s'élevaient, dans toute leur hauteur, les deux principales cheminées. Cette division des toits devait donner plus de légèreté et de mouvement à l'ensemble de la construction, un peu alourdie aujourd'hui par un toit unique.

A l'intérieur, on trouve, à droite, la cuisine, vaste pièce dont la cheminée est soutenue par deux colonnes de grès; la plaque de fonte est aux armes des Du Merle. Le plafond est formé de voûtes plates et carrées en brique, portant sur des sommiers posés en arête; un pendentif en bois sert de clef à ces voûtes. Ce système de caissons se trouve dans plusieurs pièces du rez-de-chaussée et à l'étage du pavillon. La grande salle est ornée de belles boiseries de l'époque Louis XIV. Cette salle ne devait, au XVIe siècle, former avec les dépendances qui l'entourent, qu'une seule et vaste pièce ayant, au lieu de plafond, un solivage apparent dont on voit encore plusieurs parties. Ce solivage était supporté sur trois poutres chanfreinées, ornées de rageurs à leur extrémité et reposant sur des pilastres. Un long couloir donne accès à l'aile du nord dans laquelle se trouve le salon.

L'escalier à volées parallèles est couvert d'une voûte surbaissée en brique. Sa disposition rappelle un peu celle du grand escalier du château de St-Germain-en-Laye. Il est précédé d'un vestibule dont la voûte est composée d'une ossature de pierre enfermant des remplissages de brique. Au premier palier, une petite galerie à balustres laisse pénétrer le jour du premier étage dans un second vestibule qui est de l'autre côté de l'escalier et voûté comme le premier. La chapelle est également voûtée en brique. Près de cette chapelle une petite pièce est pavée en carreaux de terre vernissée, comme on en employait fréquemment au XVIe siècle.

La partie la plus intéressante à étudier est le pavillon méridional, sorte de donjon où étaient accumulés les moyens de défense. Une cour très-resserrée le séparait du château avec lequel il communiquait pourtant par un escalier fort étroit. Cet escalier, muni d'une porte solide, donnait accès à l'étage et aux combles. A l'entrée de l'étage du pavillon, une herse ou une porte pleine, glissant dans des rainures, et commandée par l'appartement des combles, pouvait couper instantanément la communication avec le rez-de-chaussée. Pour le cas où cette porte aurait été forcée par des assiégeants, un petit escalier à vis, accolé à la muraille et en partie engagé dans celle-ci, permettait de se réfugier au deuxième étage où se trouve une grande salle avec cheminée, ayant des machicoulis et de nombreuses meurtrières. Sous cet escalier se trouve un réduit obscur qui communique avec le premier étage au moyen d'une ouverture à la voûte.

Près de là, on descend dans une sorte de galerie souterraine, aujourd'hui remplie d'eau.

Tel est, dans l'ensemble de sa construction, le château du Blanc-Buisson. Il est difficile d'en faire la description bien détaillée, à cause de l'irrégularité de certaines de ses parties. Les gravures dont cette notice est accompagnée feront mieux comprendre l'intérêt qui s'attache à ce vieux manoir, qui abrita longtemps l'un des grands noms de la noblesse normande.

Nous avons été heureux d'apprendre que M. de Baudicour se proposait de faire restaurer son château du Blanc-Buisson, c'est-à-dire de le rétablir dans l'état où il était à la fin du XVI° siècle. En réalisant cette importante et utile entreprise, M. de Baudicour aura certainement droit à la reconnaissance des archéologues et de tous les amis des souvenirs historiques.

APPENDICE.

Les Archives nationales possèdent un certain nombre de pièces sur la seigneurie du Blanc-Buisson. M. T. de Baudicour a bien voulu faire transcrire les principaux aveux. Nous les reproduisons dans cet appendice, en les faisant précéder de l'indication de tous les documents conservés aux Archives nationales relatifs au Blanc-Buisson :

1° 14 décembre 1399. Aveu pour le fief du Blanc-Buisson, par Guillaume Leconte, écuyer. — Reg. 294 [1], cote 12;

2° 17 décembre 1399. Vidimus, par Jean de Folleville, prévôt de Paris, de l'aveu du 14 décembre.—Reg. 1992 [2], n° 46,367;

3° 24 décembre 1399. Certificat donné par la Chambre des Comptes pour l'aveu fait par Guillaume Leconte, le 14 décembre 1399. — Reg. 1924 [1], n° 47,163;

4° 24 mars 1402. Aveu pour le Blanc-Buisson, par Guillaume Leconte. — Reg. 295 [2], cote 626;

5° 15 mars 1418. Autre aveu par Guillaume Leconte.— Reg. 295 ¹, cote 484;

6° 25 avril 1452. Aveu pour le Blanc-Buisson, par Jean Leconte, écuyer. — Reg. 295 ¹, cote 498;

7° 29 septembre 1462. Aveu pour le Blanc-Buisson, par Jean Leconte, écuyer. — Reg. 295 ², cote 555;

8° 13 mai 1499. Hommage, par Jean de Melle, écuyer, pour le fief du Blanc-Buisson, qu'il tient du chef de sa femme, Marie Leconte. — Reg. 269 ¹, cote 3534;

9° 1ᵉʳ décembre 1511. Hommage par le même. — Reg. 269 ², cote 3990;

10° 11 janvier 1515. Hommage par le même. — Reg. 270 ¹, cote 4207;

11° 11 avril 1526. Hommage par le même. — Reg. 270 ¹, cote 4142;

12° 1ᵉʳ janvier 1538. Aveu pour le Blanc-Buisson, par Jacques de Melle, écuyer. — Reg. 297 ¹, cote 329 (1).

L'aveu du 24 mars 1402 (v. st.), a été publié par Le Prevost dans ses *Mémoires et Notes,* auxquels on peut se rapporter. Nous donnons celui du 14 décembre 1399, comme le plus ancien, puis l'aveu de 1462, comme rendu par le dernier des Leconte qui ait été seigneur du Blanc-Buisson. L'hommage de 1499, par Jean Du Merle, est une pièce intéressante comme marquant le passage de la seigneurie dans la famille Du Merle. Enfin, nous croyons devoir transcrire le dernier aveu de 1538 qui ne constate rien de plus que les précédents, quant au château, ce qui nous confirme dans l'opinion exprimée dans notre notice sur l'époque de sa reconstruction, et nous fait penser

(1) Cette liste nous a été communiquée par M. T. de Baudicour.

qu'elle peut être attribuée à Jacques I Du Merle ou à son fils. Ils ont joué tous deux, comme nous l'avons dit, un certain rôle pendant la seconde moitié du XVIᵉ siècle, et il est naturel qu'ils aient voulu mettre leur demeure dans un état conforme à leur rang.

I.

Aveu de Guillaume Leconte, seigneur du Blanc-Buisson, du 14 décembre 1399.

Du Roy nostre Sire en sa chastellenie de Bretueil, je Guillaume Leconte, escuier, tieng et aduoue a tenir par foy et par hommaige lige ung membre de fief noble nommé le fief de Blanc Busson, dont le chief est assiz en la parroisse de Saint Pierre du Mesnil en la dicte chastellenie et s'estent en la dicte parroisse et illec enuiron. Lequel fief je tieng du dit seigneur par ung quart de fief noblement, franchement, a court et usaige et se reuient par les parties des rentes et reuenues qui ensuiuent. Cest assauoir en rentes, en deniers, en plusieurs menues parties au terme de la Saint Remy IIII liures XIII solz VI deniers tournois. Item audit terme Saint Remy en reuenue de grain trois septiers de grain, c'est assauoir trois septiers de blé. Item au terme de Noel XXX chapons et demy et deux tiers. Item au terme de Pasques IIIᶜ LVIII œufz. Item on dit fief a ung manoir et place a coulombier et les jardinaiges dautruy du dit manoir, le tout contenant trois acres de terre ou enuiron qui peuent bien équipoler a V solz tournois de rente chascune acre par chascun an ou enuiron. Item au dit manoir appartient enuiron IIII^{xx} et douze acres de terres labourables qui pareillement peuent bien

équipoler chascune acre a v solz tournois de rente par an.
Item trois acres de terre ou enuiron en pasturaiges qui seullement peuent bien valloir a v solz tournois de rente par an chascune acre. Item une place à ung moulin à vent, lequel moulin est de présent de nulle valleur pour ce qu'il est tourné en ruyne et destruit piéca. Et a cause et par raison d'icellui fief je suis tenu faire au Roy nostre dit seigneur foy et hommaige comme dit est, auec les aides feaulx accoustumées en Normandie quant ilz escheent et le cas s'offre. Item je dessus dit Guillaume adueue à tenir du Roy nostre dit Seigneur en la diete chastellenie de Bretueil par foy et par hommaige lige ung autre membre de fief, nommé le fief de la Salle, séant en la dicte parroisse de Saint Pierre du Mesnil tenu dudit seigneur par ung huitiesme, et contient enuiron quatre acres de terre la masure en est comprise, dont chascune acre peut bien équippoler à v solz tournois de rente par an. Item audit fief appartient en reuenue de grains au terme Saint Remy douze boisseaulx de blé de rente par an. Item par raison d'icellui fief plusieurs personnes sont tenans de soixante acres de terre. Desquelles soixante acres ilz soulloient faire et paier au seigneur du dit fief de la Salle, en temps que len faisoit la guarde d'icelluy fief a l'une des portes du chastel de Brethueil nommée la porte de Verneuil en temps de guerre, pour chascune acre ii deniers tournois. Item a cause et par raison d'icelluy fief de la Salle le droit de patronnaige de l'église de Saint Pierre du Mesnil me appartient; duquel fief je suis tenu faire au Roy nostre dit Seigneur foy et hommaige comme dit est auec ung jour et une nuyt de garde a une des portes du chastel de Brethueil nommée la porte de Verneuil, touttesfoiz que le cas s'offre en temps de guerre; et se plus ou moins auoir des choses dessusdictes que compris n'est en ce présent adueu, si l'aduou... à tenir dudit Seigneur. En tesmoing de ce j'ay sellé cest présent adueu de mon propre seel. Et pour greigneur confirmation y ay fait

mettre le grant seel aux causes de la viconté d'Eureux. Ce fut fait le xiiii**esme** jour de décembre l'an de grace mil ccc iiii**xx** et xix.

(Archives nationales, P. 308, f° 87 v°, p. 282.)

II.

Aveu de Jean Leconte, seigneur du Blanc-Buisson, du 29 septembre 1462.

Du Roy nostre Souuerain Seigneur je Jehan Le Conte, escuier, tien et adueue a tenir nuement par foy et par hommaige lige en la chastellerie et viconté de Brethueil et sergenterie de Glos ung fief ou menbre de fief nommé le fief du Blanc Buisson dont le chief est assis en la parroisse de Saint Pere de Mesnil Mauduit et s'estent en icelle paroisse et enuiron; lequel fief je tien franchement et noblement de court et usaige par le nombre d'un quart de fief, et vault en reuenue les sommes dont les parties ensuiuent. C'est assauoir en rentes, en deniers par chascun an au terme de la Saint-Remy par plusieurs parties, quatre liures treze solz six deniers tournois. Item au terme de Pasques trois cens soixante huit œfz. Item au dit fief a un manoir et en icelui place de coulombier et les jardins d'entour le dit manoir le tout contenant troys acres de terre ou enuiron qui puent bien valoir cinq solz tournois de rente par chascun an pour chascune acre ou enuiron. Item au dit fief appartiennent quatre vingz et douze acres de terres labourables ou enuiron qui pareillement puent bien valoir par an chascune acre la somme de cinq solz de rente. Item trois acres de terre ou enuiron en pasturaiges qui semblablement puent bien valoir, chascune acre cinq solz de rente par an. Item quarante-cinq acres de boys ou environ dont chascune acre peut bien valoir, qui les vouldroit fieffer, deux solz tournois pour chascune acre par an. Item une place de ung moulin à vent, laquele est de présent de nulle valeur pour ce qu'il est pieca destruit et tourné en ruyne : pour leqnel fief auecques toutes ses appartenances et appendences je suis tenu faire au Roy nostre dit Seigneur foy et hommaige auecques les aides coustumières en Normendie, teles comme ilz doivent estre payées selon coustume de fief noblement tenu par la maniere deuant déclairée, quant icelles escheent et le cas s'offre. Item je suis tenu faire foy et hommaige au Roy nostre dit seigneur d'un fief ou membre de fief nommé le fief des Rues, dont le chief est assis en la parroisse de Saint Aubin de Gisay et se estent en icelle et en la parroisse de Saint Pierre de Villiers en la dicte viconté de Brethueil et sergenterie de Lire, du quel Nicolas Le Conte escuier, mon cousin, est tenant et possesseur et lui appartient en propriété et le tient de moy par paraige de ligne franchement et noblement à court et usaige par le nombre d'un huitiesme de fief, et vault en reuenue en rentes en deniers six liures six solz huit deniers tournois par chascun an au terme de Saint-Remy, et douze boesseaux de blé froment à icelui terme. Item au terme de Noël soixante ung solz, deux deniers tournois de de rente, quinze chappons et deux gelines, au terme de caresme prenant cinq solz tournois, au terme de Pasques douze boesseaux d'orge et quarante œfz. Et à icelui fief appartient vingt acres de terre ou enuiron qui bien pourroient valoir chascune acre de rente par chascun an troys solz tournois. Item à icelui fief appartient six solz de rente et deux poucins au terme de Saint Jehan. Item Loys Le Conte, escuier, semblablement mon cousin, tient de moy par paraige ung fief ou membre de fief nommé le fief de Gisay dont le chief est assiz en la parroisse de Saint Martin de Theuray et s'estent en icelle en la viconté de Beaumont le Rogier et sergenterie d'Ouche, et le tient franchement et noblement a court et usaige par le nombre d'un huitiesme de fief, et vault en reuenue en rentes en deniers par chascun an, au terme de la Saint-Remy, quatre liures six deniers tournois par plusieurs parties, au terme de Noël treze chappons, sept gelines, dix neuf solz huit deniers tournois, cinquante ung boesseaux d'auoine, treze boesseaux d'orge, au terme de la Chandeleur deux poz d'uille, au terme de Pasques deux cens trente quatre œfz, et au terme de la Saint Jehan vingt quatre solz dix deniers tournois de rente. Item à icelui fief appartiennent vingt quatre acres de terre ou enuiron dont chacune acre peut bien valoir trois solz de rente ou enuiron. Item deux acres de pré en noe dont chacune acre peut bien valoir quinze sols tournois de rente qui le vouldroit fieffer. Item Jehan Pelerin, escuier, tient de moy par paraige à cause de damoiselle Katherine Le Conte sa femme, ung huitiesme de fief nommé le fief du Buisson franchement et noblement a court et usaige, duquel le chief est assis en la parroisse de Nostre Dame de Touquete en la vicouté d'Orbec et sergenterie du Sap, et vault en reuenue en rente en deniers au terme de la Saint-Remy par plusieurs parties soixante-troys sols neuf deniers tournois, au terme de Pasques trente œfz. Item le dit Nicolas Le Conte, escuier, tient semblablement de moy par paraige ung fief ou menbre de fief nommé le fief du Boys Goust, dont le chief est assis en la paroisse de Saint Pere du Mesnil Mauduit et se esteut en icelle et en la parroisse de Saint Ouen de Mancelles en la vicouté de Brethueil et sergenterie de Glos, et tient icelui franchement et noblement a court et usaige par le nombre d'un quart de fief; et vault en reuenue, en rentes, en deniers au terme de la Saint Remy par chascun an, unze liures troys solz deux deniers tournois ou enuiron, au terme de Noel cinquante-quatre chappons, troys gelines, quatre vingtz et douze boesseaux d'auoine et dix deniers tournois, au terme de la Chandeleur huit liures dix solz six deniers tournois et par plusieurs parties, et au terme de Pasques cent et quinze œfz. Item a icelui fief appartiennent soixante-dix acres de boys frans sans tiers et sans dangiers, qui bien pourroient valoir qui les vouldroit fieffer cinq solz tournois de rente par chascun an chacune acre. Item je Jehan Le Conte dessus nommé tien et adueue a tenir du Roy nostre dit seigneur en la chastellerie de Brethueil nuement par foy et hommage lige ung autre membre de fief nommé le fief de la Salle, assis en la dicte parroisse de Saint Pere du Mesnil Mauduit, tenu du dit seigneur par ung huitiesme dont j'en suis tenant en main quatre acres de terre ou enuiron et la masure en ce comprinse, dont chacune acre peut bien équipoler à cinq sols tournois de rente par chascun an. Item au dit fief appartient en rentes, en grains au terme de Saint-Remy douze boesseaux de blé de rente par chascun an. Item par raison d'icelui fief pluseurs personnes mes hommes sont tenus de soixante acres de terre, des queles soixante acres de terre ilz souloient faire et paier au seigneur du dit fief de la Sale, au temps que l'on faisoit la garde d'icelui fief a une des portes du chastel de Brethueil nommée la porte de Verneuil en temps de guerre, pour chascune acre deux deniers tournois. Item à cause et par raison d'icelui fief de la Sale le droit du patronnaige de l'église Saint Pere du Mesnil Mauduit appartient à moy Jehan Le Conte dessus dit; duquel fief je suis tenu faire au Roy nostre dit seigneur, foy et hommaige comme dit est, auecques ung jour et une nuyt de garde à une des portes du chastel de Brethueil nommée la porte de Vernueil, toutesfoiz que le cas s'offre en temps de guerre. Lesquelz fiefz et terres déclairées je aduoue a tenir du Roy nostre dit seigneur par les manières et condicions deuant dictes, et lui en suis tenu faire foy et hommaige et deuoirs coustumiers telz comme ilz appartiennent selon raison et la coustume du pays de Normendie. Et se plus tien d'eritaiges, plus en aduoue a tenir, obeissant a plus auant

dé   rer se mestier est. En tesmoin de ce j'ay seellé ce pré-
se..   dueu du propre seel de mes armes, le penultime jour
du moys de septembre, l'an de grace mil quatre cens soixante
et deux.

(Arch. Nat., P. 295¹, cote 139.)

III.

Hommage fait au roi par Jean du Melle ou du Merle, pour les fiefs du Blanc-Buisson et de la Salle, le 13 mai 1499.

Loys, par la grace de Dieu, Roy de France, a nos amez et féaulx gens de noz comptes et trésoriers à Paris, aux bailly d'Eureux et viconte de Conches et Brethueil ou a leurs lieuxtenans, et a nostre procureur esditz bailliage et viconté, salut et dilection. Sauoir vous faisons que nostre bien amé Jehan du Melle, escuier, seigneur de Blanc Buisson nous a le jourd'uy fait au bureau de nostre chambre desdiz comptes les foy et hommage que tenu nous estoit faire a cause de damoiselle Marie Le Conte sa femme, dudit fief de Blanc Buisson, et aussi du fief de la Salle et de leurs appartenances tenuz et mouuans de nous à cause de notre chastellenie et viconté dudit Brethueil, a quoy il a esté receu sauf nostre droit et l'autrui. Si vous mandons et à chascun de vous en droit soy que se pour cause desditz foy et hommage non faitz lesdits fiefz terres et seigneuries ou aucunes de leurs dictes appartenances ou appendences estoient mises en nostre main ou autrement empeschées, vous les lui mettez ou faites mettre au déliuré sans délay, pourueu qu'il en baille son adueu et denombrement par escript dedans temps deu, et face et paie les autres droiz et deuoirs pour ce deuz, se faiz et paiez ne les a. Donné à Paris le treiziesme jour de may, l'an de grace mil cccc quatre vingt dix neuf, et de notre règne le deuxiesme.

Par le conseil estant en la Chambre des comptes.

(Signé) BADOUILIER.

(Arch. Nat., P. 269¹, cote 3534.)

IV.

Aveu de Jacques du Melle ou du Merle, seigneur du Blanc-Buisson, du 1ᵉʳ janvier 1538 (v. st.).

Du Roy nostre Souverain Seigneur, je Jacques du Melle, seigneur du fief, terre et seigneurie du Blanc Buysson, tien, confesse et adueue à tenir neument et sans moyen par foy et hommaige ledit fief du Blanc Buysson par ung quart de fief de haubert à cause de sa chastellenye de Brethueil, assis et situé en la paroisse de Saint Père du Mesnil et es enuirons. Et contient en dommayne non fieffé tant en terres labourables, preys, plant, jardins, garenne, bois de haulte fustaye, taillys, herbaiges environ deux centz dix acres, lequel dommayne est en plusieurs pièces. La première pièce qui est la motte et manoir dudit fief close tout alentour de fossez, contient une acre ou enuiron, jouxte d'un costé la sente tendant de l'église dudit lieu de Saint Père au village de Blanc Buisson, d'autre costé et des deux boutz moymesmes. La seconde pièce contient trente perches ou enuiron jouxte d'un costé la commune dudit villaige de Blanc Buisson a moy et aux habitans dudit lieu appartenant, lesditz fossés d'un bout ladite sente de Saint Père et d'autre bout moymesmes. La troysiesme pièce nommée la Garenne estant en plant et buyssons contient cinq acres ou enuiron, jouxte d'un costé ladicte sente tendant dudit villaige de Blanc Buisson à Saint Père, d'autre costé moymesmes et les hoirs Thenyn Blanc Villain en partie d'un bout, les fossez de la motte et la commune dudit villaige, et d'autre bout plusieurs boutières de champs. La quatriesme piece qui est ung jardin clos a mur contient deux acres et demy, vingt deux perches ou enuiron, jouxte d'un costé la garenne, d'autre costé les hoirs Thenyn Blanc Villain et les Haretz, d'un bout plusieurs boutières de champs et d'autre bout lesdits hoirs Blanc Villain. La cinquiesme pièce nommée le Clos Neuf qui consiste en plant contient deux acres et demye ou enuiron jouxte d'un côté la sente tendant de Louuygny à Saint Pere du Mesnil, d'autre costé moymesmes, d'un bout la sente tendant du manoir aux Gouldieres et d'autre bout ledit Blanc Villain et moymesmes. La sixiesme nommée le parc de la Fondriere dont partie consiste en plant, autre partye en prey et autre partie en terre labourable, contient douze acres et demye, trente perches ou enuiron jouxte d'un costé ladite sente tendant dudit manoir aux Gouldieres, d'autre costé plusieurs boutieres de champs, d'un bout le chemyn tendant de Lyre a Monstereul et d'autre bout la sente tendant de Louuygny audit manoir de Blanc Buysson, et d'autre bout les hoirs..... La septiesme piece qui est terre labourable contient demye acre ou environ jouxte des deux costez les hoyrs Simon Blanc Villain, d'un bout la sente tendant dudit lieu de Louuygny audit lieu de Blanc Buysson, et d'autre bout les hoirs Thenyn Blanc Villain. La huitiesme piece nommée La Londe Poynuille, qui est terre labourable, qui contient quatre acres vingt quatre perches ou enuiron, d'un costé ladicte sente de Louuygny d'autre costé les hoirs Symon Blanc Villain et des deux boutz les hoirs Theuyn Blanc Villain. La neufiesme piece qui est terre labourable contient une vergée neuf perches jouxte d'un costé les hoirs Thenyn Blanc Villain, d'autre costé les Symons de la Buzotière, et d'un bout Jehan Thibault de

Louuygny et d'autre bout moymesmes. La dixiesme piece qui est terre labourable contient troys acres et demye trente perches ou enuiron jouxte d'un costé ladicte sente de Louuygny, d'autre costé les Bynéaulx, d'un bout la sente de la Londe Poynuille, et d'autre bout ledict parc de la Fondriere. La unzième pièce nommée la pièce des Boullotz terre labourable contient deux acres une vergée et demye ou enuiron jouxte d'un costé ledit chemin de Monstereul à Lyre, d'autre costé les hoirs Theuyn Blanc Villain, d'un bout la sente de La Londe Poynuille et d'autre bout moymesmes. La douziesme piece nommée le parc de Vaulx terre labourable contient douze acres douze perches ou enuiron jouxte d'un costé et d'un bout les hoirs Maistre Jehan Blanc Villain d'autre costé plusieurs boutieres de champs, et d'un bout ledit chemin de Monstereul. La treiziesme piece de terre labourable contenant une vergée douze perches ou enuiron jouxte d'un costé les hoirs Theuyn Blanc Villain, d'autre costé la sente de l'église de Saint Père du Mesnil au Blanc Buysson, et d'un bout le grant chemin aux Mastz et d'autre bout moymesmes. La XIIIe piece nommée les Coursillons terre labourable contenant deux acres trente perches ou enuiron jouxte des deux costés les hoirs Theuyn Blanc Villain, d'un bout moymesmes et d'autre bout plusieurs boutières de champs. La quinziesme piece de terre labourable contenant quatre acres une vergée et demye ou enuiron jouxte d'un costé les hoirs dudit Theuyn Blanc-Villain et moymesmes, d'autre costé la sente dudit lieu du Blanc Buysson, aux Gouldieres, et d'un bout le Clos Neuf à moy appartenant, et d'autre bout le chemyn de Monstereul. La saiziesme piece qui est une cousture en terre labourable contient cinquante acres et demye, une vergée, douze perches ou enuiron jouxte d'un costé la piece cy-apres declairée et les hoirs de deffunct Maistre Jehan Blanc Villain, d'autre costé les preys de la vallée du Boys Boëssel, d'un bout le chemyn de Monstereul et les terres de la piece Musant, et d'autre bout les taillys des Gouldrières a moy appartenans. La xvii⁰ pièce plantée en boys de haulte fustaye nommée la Haulte ..oche contient vingt acres ou enuiron jouxte d'un costé et d'un bout la piece cy-devant déclairée, d'autre bout le chemin de Monstereul et d'autre costé lesdits hoirs Maistre Jehan Blanc Villain et les Byneaulx de Louuygny. La xviii⁰ piece de terre labourable contient cincq acres douze perches ou enuiron jouxte d'un costé et d'un bout moymesmes, d'autre costé les hoirs Theuyn Blanc Villain, et d'autre bout les hoirs Symon Blanc Villain. La xix⁰ pièce terre labourable contient quinze acres et demye trente six perches ou enuiron jouxte d'un costé .... Boutin, d'autre costé les Hacquetz, d'un bout le hault chemin et d'autre bout les preys du Bois Boessel à moy appartenans. La xx⁰ terre labourable nommée la pièce du Percoet contenant quatre acres une vergée trente perches ou enuiron, d'un costé le hault chemyn, d'autre costé les héritaiges que j'ay eubz par eschange des Hacquetz, d'un bout la sente faisant la séparation du fief de Boisgoulx et de Blanc Buisson et d'autre bout plusieurs boutières de champs. La vingt et uniesme piece nommée les preys de Bois Boessel, contenant neuf acres ou enuiron jouxte des deux costez mon dommaine et plusieurs boutières de champs, d'un bout les hoirs Gosset de Laval et d'autre bout le grant chemyn aux Mastz. La xxii⁰ piece nommée la piece d'auprez le Moullin a vent, en terre labourable, contenant demye acre seize perches ou enuiron, jouxte d'un costé Foucquet Hacquet, d'autre costé la sente du moullin a vent aux Gouldieres et d'un bout la butte du moulin a vent, et d'autre bout le val qui vient de Boisgouest a aller aux planches de pierre. La xxiii⁰ pièce de terre labourable aboutant sur le chemyn aux Mastz, contient troys vergées ou enuiron jouxte d'un costé les hoirs Adam Harestz, d'autre costé la sente tendant du Blanc Buisson à l'église de Saint Pere, et d'un bout plusieurs boutières de champs. La xxiiii⁰ pièce en boys tailliz contient trente une acres ou enuiron jouxte d'un costé le boys de Fontaynes, d'autre costé les boys de Sarnieres et mon dommaine labourable, et d'un bout le boys de la Bullengière et de Gauuille, et d'autre bout la vallée du Boisboessel a moy et plusieurs autres appartenant. La xxv⁰ pièce, nommée les Dix Acres, plantée en boys tailliz, jouxte d'un costé les Symons de la Buzotière, d'autre costé les Blanvilain, d'un bout plusieurs boutières, et d'autre bout la vallée du Bois Boessel a moy appartenant. Lesquelles deux pièces de boys tailliz sont tenues en tiers et danger du dit seigneur. La xxvi⁰ pièce consiste partie en herbaige et autre partie en buissons, et contient troys acres ou enuiron, jouxte d'un costé la pièce cy deuant déclairée, d'autre costé les boys de Fontaines, d'un bout les boys Lohier et d'autre bout les Haquetz. La xxvii⁰ pièce, nommée le Clos de la Salle, la quelle consiste en plant, contient cincq vergées ou enuiron, jouxte d'un costé la sente de l'église de Saint Pere tendant à la Buzotière, d'autre costé et d'un bout la sente de Blanc Buisson à la dicte église. Item je puys avoir en l'a[in]esse de Robin Hacquet, tenue neuement de la dicte seigneurie, quatre ou cinq acres de terre qui furent et appartindrent à Thomas Perrette, lesquelles me sont venues et escheues par ...benaige et de ligne extaincte. Et à cause d'icelluy mon fief et du fief de la Salle de ancienneté réuny avecques le corps d'icelluy, j'ay droict de présenter à la cure de l'église parroissiale de Sainct Père du Mesnil, et mesmes a la chappelle fondée de Sainct Cler et Saincte Katherine assise en la dicte parroisse de Sainct Père du Mesnil, toutes et quantes foys qu'elles eschient vacantes. Item j'ay droict de collombier et droict de moullin à vent, hommes bannyers et subgectz en icelluy. Item en icelluy fief y a court et usaige justice et juridiction, ...basse justice, reliefz, xiii⁰ˢ, coruées de harnoys et de bras, rentes en deniers, qui peuent valloir par chascun an seize liures quinze solz deux deniers, ...ou enuiron, rentes en grains qui

peuent valloir chascun an soixante et dix boesseaulx de bley fourment a la mesure de Chambrays, en oyseaulx, chappons vingt sept et demy et ung tiers ou enuiron, et gelynes douze ou enuiron, œufz troys centz soixante et deux ou enuiron, en oysons quarante et deux et demy ou environ. Item à cause d'icelluy sont tenues les terres et seigneuries qui enssuiuent : et premièrement le fief de Boysgoult tenu par ung quart de fief de haubert à court et usaige, et s'estend en la dicte parroisse de Sainct Père du Mesnil et de Sainct Ouen de Mancelles en la sergenterie de Glos. Item le fief des Rues tenu par ung huitièsme de fief à court et usaige et sestend en la parroisse de Gisay et de Sainct Pierre de Villers en la viconté de Brethueil et sergenterie de Lyre. Item ung autre fief nommé le fief de Gisay, assiz en la parroisse de Sainct Martin de Theuray en la viconté de Beaumont-le-Rogier, à court et usaige tenu en ung huitiesme de fief. Item ung autre fief nommé le fief du Buisson, assis en la parroisse de Nostre Dame de Toucquette, à court et usaige en la viconté d'Orbec et sergenterie de Sainct Euroult. A raison desquelz les tenans d'iceulx sont tenuz enuers moy a foy et hommaige, reliefz, XIIIe, aydes feaulx et coustumiers, les cas ce offrans. Item tous et chascun de mes hommes qui sont ...eans dedens mon dit fief sont subgectz chacun en quatre journées de harnoys par chascun an ; sçauoir est une journée à ayder à charrier les gerbes en la... une journée à ayder à faire les... les... et les bleidz ; plus sont subgectz en deux journées de bras l'une à ayder a cueillir et abatre les fruictaiges de mon dit fief, l'autre a buscher le boys pour... chauffer.......
......Karesme prenant. Item sont subgectz au baon de mon moullin payer plaine moulture, mays ne sont subgectz es festaiges ne en la reparacion du dict moullin. Lequel fief dessus dit m'est venu et escheue par le decès et trespas de feu Jehan du Melle mon père, en son viuant escuyer, seigneur du dict fief. Et se plus y a, plus en aduoue a tenir ;

et se moings y a, je proteste qu'il ne me doye torner a aucun préjudice. En tesmoing de ce j'ay signé ce présent adueu et dénombrement de mon seing manuel, le premier jour de anier l'an mil cinq cens trente huict.

DU MELLE.

Receptum in camera, die II^{da} januarii, M V^c XXXVIII°.
infra.

(Arch. Nat., P. 294¹, cote 33.)

Caen, Typ. F. Le Blanc-Hardel.

www.ingramcontent.com/pod-product-compliance
Lightning Source LLC
Chambersburg PA
CBHW062012070426
42451CB00008BA/667